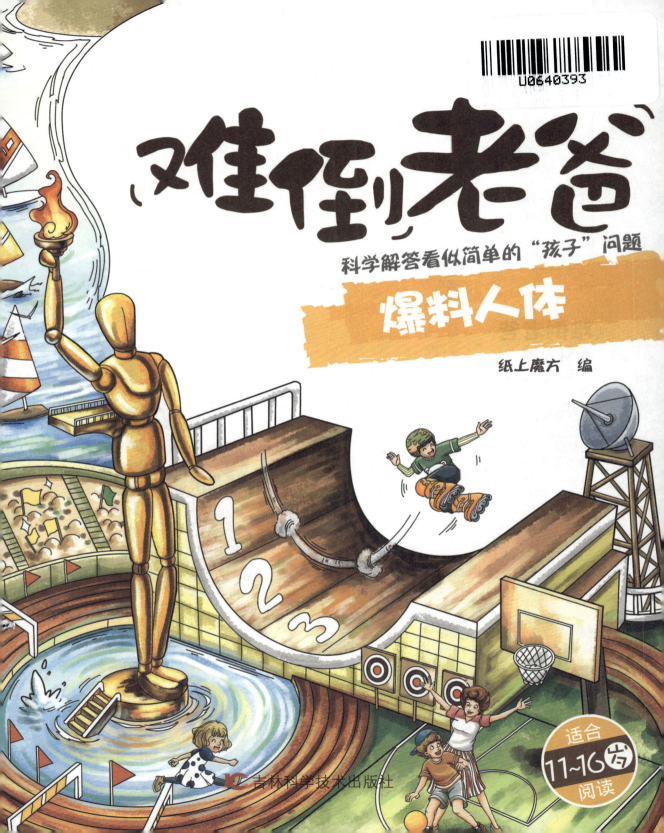

难倒老爸

科学解答看似简单的"孩子"问题

爆料人体

纸上魔方 编

适合 11~16岁 阅读

吉林科学技术出版社

图书在版编目（CIP）数据

爆料人体 / 纸上魔方编. -- 长春：吉林科学技术科
出版社，2014.10（2023.1重印）
（难倒老爸）
ISBN 978-7-5384-8300-0

Ⅰ.①爆… Ⅱ.①纸… Ⅲ.①人体 – 青少年读物
Ⅳ.①R32-49

中国版本图书馆CIP数据核字(2014)第219378号

难倒老爸

爆料人体

编　　　纸上魔方
出 版 人　李　梁
选题策划　赵　鹏
责任编辑　周　禹
封面设计　纸上魔方
技术插图　魏　婷
开　本　780×730mm　1/12
字　数　120 千字
印　张　10
版　次　2014年12月第1版
印　次　2023年1月第3次印刷
出　版　吉林科学技术出版社
发　行　吉林科学技术出版社
地　址　长春市净月开发区福祉大路5788号
邮　编　130118
发行部电话 / 传真　0431-85677817 85635177 85651759 85651628 85600611 85670016
储运部电话　0431-84612872
编辑部电话　0431-86037698
网　址　www.jlstp.net
印　刷　北京一鑫印务有限责任公司
书　号　ISBN 978-7-5384-8300-0
定　价　35.80 元

主人公介绍

桑德拉：女，41岁，性格开朗、机智博学，与儿子杰克犹如朋友。

杰克：男，10岁左右，桑德拉的独生子，聪明顽皮，但遇事鲁莽，经常落入凯瑞得设计的圈套。

凯瑞得：男，10岁左右，杰克的同班同学，是个犯坏、捣蛋的胖小子，但是他内心超脆弱，遇到一点挫折就会哭鼻子。

妮娜：女，10岁左右，桑德拉的外甥女、杰克的表妹，娇气但有正义感。

3

致小读者

随着年龄的增长，孩子的小脑袋瓜里，时不时地就会冒出千奇百怪的想法。孩子们乐于动脑想一想，渴望动手做一做。正是这一思一做之间，增长了知识，充实了生活。让整个家庭充满乐趣，带来了很多有趣的回忆。

对于孩子提出的各种问题，大人应该如何解释？对于不同年龄段的孩子，什么样的回答能够既让孩子听得懂，又能够从科学的角度解答孩子的疑惑呢？《难倒老爸》系列少儿科普图书关注孩子启蒙教育，真实汇集孩子方方面面感兴趣的问题，用玩中学的方法，从科学的角度解答孩子各种各样的"怪"问题。拉近大人与孩子的距离，开启科学王国的大门。从此让老爸面对孩子看似幼稚的问题时不再尴尬，让孩子在家庭启蒙教育上远远领先同龄人。

《难倒老爸》系列少儿科普图书中《爆料人体》《空气是什么》《声音从哪来》《神秘搞怪的力》这4本书，图文并茂讲述了112个小故事、汇聚了112个科学实验。帮助孩子活学活用科学知识，提高手脑协调能力，将科学知识还原到生活当中去。让孩子和自己的小伙伴，以及大人们一起探索科学的奥秘，分享学习科学的无限乐趣。

另外，由于笔者能力及水平所限，本书编写过程中难免存在一些缺点和错误，欢迎广大读者来电来函批评指正，在此表示由衷的感激！

编者

2014年10月

目录

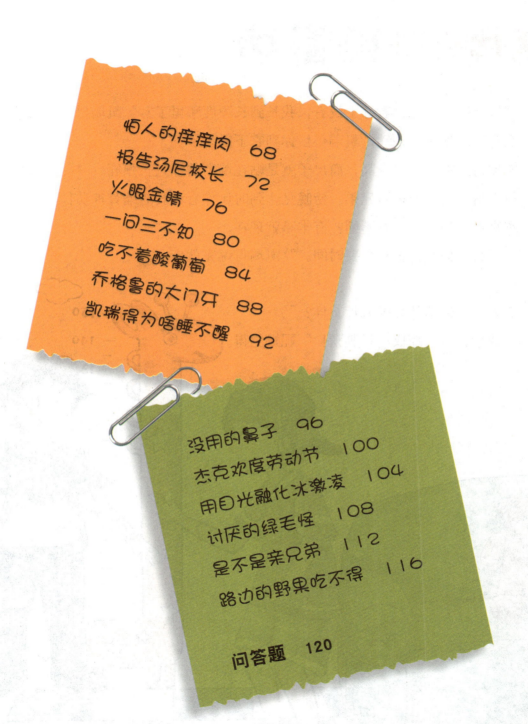

武林绝学缩骨功

"快点呀，杰克，看好了没有，我长到长颈鹿哪里了？"凯瑞得催杰克。

杰克："站好了别动，凯瑞得！你到它下巴颏了。"

凯瑞得站在墙边量身高，而尺子就是贴在墙上的那只长颈鹿。

凯瑞得："做个记号兄弟。傍晚见，到时让你看看我的缩骨神功！"

杰克："为什么现在不缩？有本事就现在。"

"不行哥们儿，发功需要时间。"凯瑞得说完就走了。

……

杰克："你猜他会缩成什么样？"

"我猜，他会缩成一只刺猬！"妮娜觉得。

桑德拉：“啊，凯瑞得变矮了！你确定吗，杰克？”

杰克：“确定确定，因为我给长颈鹿的下巴点了个大红点做记号。”

桑德拉：“你什么时候点的红点，杰克，是大清早吗？”

杰克：“没错，然后凯瑞得去练缩骨神功了，晚上再见到他就矮了。”

桑德拉：“好了亲爱的，这就站到长颈鹿身边，我也要给你用一颗星星做记号。”

杰克：“哦，妈妈，我可没练过什么神功。”

桑德拉：“没关系乖儿子，立刻爬上床睡一大觉，保证明早你就会练成生长神功的！”

9

为了一觉醒来长大个，杰克乖乖上床数绵羊去了，数着数着就睡着了，一觉睡到天亮。杰克骨碌一下爬起来揉揉眼，飞快冲到了长颈鹿身旁。

杰克："哦，我没有变成巨人，为什么？生长神功没练成吗？"

桑德拉："宝贝快看，你已经超过了昨晚画的那颗星星！"

"真的超过了！可是我只睡觉了没练功啊？"杰克看了看星星，还是没明白。

桑德拉："其实睡觉就是一种修炼，因为这个过程会让你的身体放松下来。"

"放松身体就会变高吗？"杰克问。

桑德拉："当然了乖儿子，因为经过一整夜的休息，你的脊柱已经好好地舒展开了，每段脊椎骨的间隙变大了，所以会高一点。"

"哦，明白了，凯瑞得胡乱玩了一天，他的脊椎累了所以变矮了！"杰克欢呼道。

箱中藏人

传说中的缩骨术是一门少林武功，现如今我们还可以在杂技表演中欣赏到这种技艺，亲眼见证某位演员钻进旅行箱。

其实，缩骨功并非真的将骨头缩小了，而是运用一定技法将骨头之间的缝隙缩小了，使得它们更紧密地堆叠在一起。所以，也有人建议称其为缩身法。

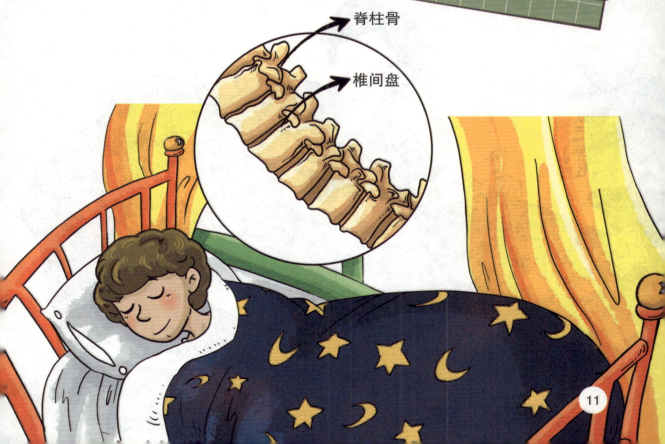

脊柱骨

椎间盘

修一修手指头

　　"这是一本非常好看的书哦，你想看吗，兄弟？"凯瑞得举着他的新书问杰克。

　　"想看，不过我很清楚你有多小气。"杰克点点头说。

　　"怎么会呢，哥们儿，拿来就是给你看的，只不过你得戴上这个特殊的仪器。"凯瑞得说着，把塑料袋套在了杰克手上。

　　……

　　"这本书根本翻不开，你骗人！"杰克气呼呼地看着凯瑞得。

　　凯瑞得："我就是这样看的，一本书全看完了。其实，兄弟，你应该修修手指头了。"

桑德拉："天哪,手指头坏了,坏得翻不开书。杰克,把微波炉大手套拿来好吗?请它帮忙修理手指头。"

杰克从厨房找到了微波炉大手套,因为怀疑自己手指头坏了,他是抱着手套回来的。

桑德拉："干得好,乖儿子,能帮我打开一个保鲜袋吗?戴着它干。"

杰克戴着大手套试图捻开保鲜袋的口,无论如何都办不到。可是桑德拉用两个手指头轻轻一搓袋口就开了。

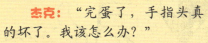

杰克:"完蛋了,手指头真的坏了。我该怎么办?"

桑德拉:"只要我吹口气儿,你的小手就会复原的!好了宝贝,摘下手套再试一次。"

唉，翻书翻不开，连打开一个保鲜袋的力量都没有，杰克确信自己的手指头须要修理了。但是，当他丢掉大手套之后，一切都改变了。

　　杰克："哇，会握拳会鼓掌，我的小手好好的！难道是你向它们吹了仙气吗？"

　　桑德拉："没错，杰克，我的仙气把手套吹掉了，因为是它让小手变得不灵活。"

　　杰克："可是翻书的时候我没戴手套啊？"

桑德拉："可是你戴了塑料袋呀。听着杰克，我们的手之所以具有抓、握、提、拉等功能，是许多肌肉和骨骼团结协作的结果，而手套会妨碍它们发挥作用的。"

杰克："没错，戴上手套的手就像被捆住了一样，有劲儿都使不上。"

温琪的新腿

对于某些残障人士来讲，假肢是非常有用的。其实动物也能享受假肢带来的便利，例如乌龟温琪。

温琪生活在英国一家动物园里，它只有三条腿。2013年，动物园的工作人员用充气轮胎给温琪安了一条假腿，从此以后它就可以在崎岖路面上自如行走了。

指骨

掌骨

腕骨

指关节

腕关节

15

足球新星

"接球啊，哥们儿！胳膊伸直了不能弯。"凯瑞得把皮球丢向了杰克。

杰克："你为什么不试试？换我来发球！"

凯瑞得："哦，弯着胳膊接球谁不会？兄弟你要勇于接受挑战嘛。"

……

杰克就这样伸直了两条胳膊，原地等球。不幸的是，凯瑞得已经投了二十多回，杰克一个球都没接住。

"听我的杰克，慢慢来吧，功夫不是一天练成的。"凯瑞得拍拍杰克的肩膀说。

桑德拉："乖儿子没法参加第五街花样球类大赛？"

杰克："是的，小皮球都接不住，一个也接不住，我已经对自己失望了。"

桑德拉："难道不想请个陪练吗？要知道我可是偷学过小贝的弧线进球法哦。"

杰克找来两把椅子，将它们并肩摆好，中间留出半米距离当球门。

桑德拉："好了杰克，身体直立双腿绷直，准备射门！"

杰克像个机器人一样，冲着他脚尖前面的足球抬了下腿，结果那球扭一扭就停下了。

桑德拉："别急，乖儿子，现在放松身体，想怎样踢就怎样踢。"

　　杰克保持双腿并拢、胳膊伸直的姿势，想要把球捡起来，结果没法弯腰。但是，当杰克什么也不想，尽情飞起一脚的时候，球进了！

　　"天哪，你就是未来的足球新星！宝贝，你不参加花样球赛太可惜了。"桑德拉搂着杰克的肩膀说。

"为什么站得笔直就不行呢，接球踢球都不行？"杰克真不明白。

桑德拉："那是因为骨骼的活动受到了限制。听着杰克，你身体里有很多块骨头，它们是通过关节和韧带连接在一起的，所以你的身体才会灵活又自如。"

身体结冰了

脊髓和大脑就像人体的司令部一样，当它们发出指令之后，运动神经元就会将信息传达给肌肉。所以，运动神经元的损伤无疑意味着肢体活动受限。

卢伽雷氏症就是一种运动神经元疾病，患者的肌肉会逐渐萎缩并丧失力量。所以，这种病俗称"渐冻症"。

股骨

骨膜

胫骨

膝盖
关节

太阳长个歪鼻子

　　"天哪哥们儿，带你去找我舅舅吧！他可是第五街最好的眼科医生。"凯瑞得看着杰克的眼睛说。

　　"不行不行，我要再试一次，这回捂左眼。"杰克一手捂眼睛，一手用锥子尖点点。

　　凯瑞得："尽管试吧，但是说实话，我还是觉得你应该去看医生，尽早去看。"

　　原来，凯瑞得画了个很圆的太阳，然后请杰克帮忙找到太阳的中心点，好给它画个鼻子。

　　……

　　凯瑞得："看到了吧，杰克，满纸的点点全偏了。兄弟看我的！"嗯，他一次就点中了。

桑德拉："看不出圆心在哪里，真是个严重的问题。走了杰克，我们到白板面前重新测试一下。"

杰克站到了白板前，抬起手刚好摸到它。

桑德拉："好了宝贝，画条线，在白板上画出你鼻子尖所在的位置。"

杰克尽量聚拢目光看着自己的鼻子尖，然后在白板上画了条竖线。

桑德拉："不错杰克，接下来捂上左眼，再画一条线。"

杰克捂上左眼，用右眼看鼻子尖，看好了又去白板上画线。

桑德拉："双眼睁开乖儿子，看看你画的两条线有什么分别？"

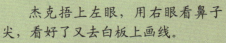

杰克先后画了两条线，每次都是对着自己的鼻子尖画。然而事实上，他画的两条线完全不在一个位置上。

　　"天哪，到底是鼻子歪了还是眼睛坏了？鼻科和眼科的医生都要看了，对不对？"杰克伤心地扑到了桑德拉怀里。

　　桑德拉："哦，哪个医生都不会收下杰克的，因为鼻子好好的，眼睛也好好的。"

　　杰克："可是为什么会画歪了呢？这说明我的眼睛已经找不到自己的鼻尖在哪里了。"

眼观六路

　　我们不得不承认，上下左右和前后全能看得到，那是神仙才有的本领。

　　但是有一种鱼的确能够一边找食吃，一边观察身边的情况。那是因为它长了4只眼睛，能同时看清水面上方和下方的物体。这种鱼叫四眼鱼，在中美洲和南美洲的河流中是比较常见的。

　　桑德拉："听着杰克，闭上一只眼睛很难准确判断物体的位置，所以，想要找对鼻子尖，只能睁开双眼。"

　　"太对了，凯瑞得就是睁着两只眼给圆太阳画鼻子的！"杰克想起来了。

谁最胆小

"怎么样，一根根全都竖起来了！好像草一样。"凯瑞得托着杰克的胳膊，边看边说。

杰克："怎么办怎么办？我都没法见人了！"

"还想听吗哥们儿？我有好几个故事呢，比方说三条尾巴的大老鼠、八条腿红眼大灰狼！"凯瑞得比比画画，把杰克吓坏了，吓得汗毛都竖起来了。

"不听不听，天哪，我真的要去看医生了。"杰克捂着胳膊就走了，生怕别人看到那些竖起来的毛毛。

桑德拉："哦。汗毛都竖起来了，伸出胳膊杰克，让桑德拉看看它好吗？"

杰克伸出胳膊，伸到桑德拉鼻子底下，谁知那些毛毛又趴下了。

桑德拉："好了宝贝，站到镜子前面来竖起耳朵听着。也许，桑德拉还能把毛毛喊起来。"

桑德拉拿起一根没削过的铅笔，用它划动镜面，杰克立刻听到了尖尖的吱吱的声音。

杰克："天哪，汗毛竖起来了，胳膊也变样了。妈妈快来看，我没救了对不对？"

桑德拉："哦鸡皮疙瘩，不怕宝贝，桑德拉给你唱一支摇篮曲吧！"

当铅笔划动镜子的吱吱声响起来，杰克只是觉得耳朵比较难受。谁知低头一看，不仅胳膊上的汗毛又竖了起来，而且滑溜溜的手臂也变得疙疙瘩瘩的。

　　"为什么长疙瘩？好难看呀。"杰克捂着胳膊说。

　　桑德拉："那是因为皮肤也不喜欢噪音，所以才会变成这样。"

　　杰克："可是凯瑞得没有噪音，他只是讲了吓人的故事。"

　　桑德拉："听着杰克，温度或者情绪的变化都可能影响到皮肤，它们一旦感觉到外界的刺激就会紧张收缩，而汗毛竖立和小疙瘩正是皮肤紧张的表现。"

杰克："哇，我的胳膊没事了，是摇篮曲把它治好的对不对？"

桑德拉："没错，宝贝，因为摇篮曲让你的情绪放松了。"

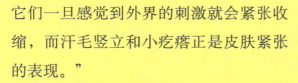

毛囊

汗毛

不能转圈的病

"你还认得我吗，哥们儿？"凯瑞得扶着晃晃悠悠的杰克问道。

"快，救救那些木马吧，凯瑞得，我想它们也会头晕腿软的。"可怜的杰克，他就快要站不住了。

凯瑞得："哈哈哈，你可真够操心的，兄弟你看我都没晕。"

杰克："真的吗，凯瑞得？我这是怎么了？"

凯瑞得："你得病了，很严重的头晕病！"

今天，杰克和凯瑞得去公园玩，他们俩骑在旋转木马上转了十多圈，然后杰克就那样了。

……

桑德拉： "起来吧，杰克，陪我去转呼啦圈！"

杰克： "不不不，我真的病了，是不能转圈的病。"

桑德拉： "好吧，那就不去转圈了。站起来乖儿子，两臂伸直，单腿站立！"

杰克站起来了，伸胳膊抬腿，样子像个瘸腿的十字形。

桑德拉： "保持这个姿势，杰克，但是要闭上眼睛。"

杰克： "不好了，我要倒了！"

桑德拉： "放心宝贝，桑德拉在一旁保护你，或者睁开眼睛也可以。"

杰克伸平了双臂，再学金鸡独立，其实也没什么难的。但是刚闭上眼睛，就站不住了。

　　"天哪，我真的得了头晕病，不转圈也头晕。"杰克一头倒在了床上，好像病倒了一样。

　　桑德拉："哦，亲爱的，恐怕医生都没听说过什么头晕病。"

　　"为什么凯瑞得就不晕呢？他和我一起骑在木马上。"杰克坐起来问。

　　桑德拉："那是因为他的平衡能力要好一些，听着杰克，不同的人耐受晃动、颠簸的能力是不一样的，这没什么大不了。"

杰克："颠簸晃动？怪不得急刹车时人都站不稳会摔倒？"

桑德拉："是的宝贝，平衡能力差的人在紧急刹车时更容易摔倒。"

镇水神石

大多数鱼的耳朵里都藏着一些白白的"小石头"，学名听石，它们能帮鱼儿保持身体平衡。

某些鱼的听石不仅数量多而且个头大，例如大黄鱼和小黄鱼的，所以它们也被称为石首鱼。

看不成企鹅摔跟头

　　"快点哥们儿，企鹅表演就要开始了！看它们滑冰摔跟头，这可是千载难逢的好机会！"凯瑞得恨不得拉着杰克飞起来。

　　"走不快了，凯瑞得，我看不清路，好像都看不清你长什么样了。"杰克再次看了看自己的手掌。

　　"别装了兄弟，这是几？"凯瑞得举起一只手掌在杰克眼前晃了晃。

　　杰克："是一片。"

　　……

　　杰克不是装的，他也想看企鹅，可是眼睛真的在抗议。

桑德拉："招吧，杰克，刚才你都做了些什么？"

杰克："我什么也没做，只是看了6本漫画书、3集动画片……"

桑德拉："据我判断，你让眼睛受到了伤害，它们累坏了，所以杰克，现在你只能闭上眼睛反省了。"

杰克："怎么办，妈妈，我是不是永远都看不到企鹅摔跟头了？"

桑德拉："天哪宝贝，一口气儿看那么多漫画和动画片，你都没歇一会儿吗？"

杰克："是的，动画片真的太好看了！"

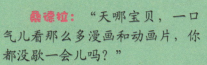

　　由于连续看了太多书和动画片，杰克的眼睛终于看不清东西了。但是，当杰克闭眼休息了大约半小时，又向远处张望一会儿时，这种情况得到了很大的改善。

　　杰克："好点了好点了！考考我好吗，妈妈？"

　　"好的宝贝，现在能看清书上的字吗？"桑德拉把书举到杰克眼前。

　　杰克："没问题，明亮的双眼已经回来了！"

　　桑德拉："不要心存侥幸哦，杰克，长期用眼过度就会变成真正的近视眼，那样一来，你的鼻子上就会多一副眼镜的。"

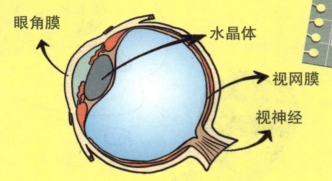

眼角膜

水晶体

视网膜

视神经

难舍老胶卷

自从有了数码相机，普通家庭使用胶卷的机会已经越来越少了，但是我们的眼睛很念旧。

眼睛里的胶卷其实就是视网膜，它是位于眼球内壁的一层透明薄膜，专门负责感光成像。当我们睁眼看东西的时候，物体的影像需要通过角膜、晶状体、玻璃体……最终才会落在视网膜上。

杰克："近视眼是怎么回事呢？"

桑德拉："听着杰克，近视眼的视网膜出了问题，弹性变得很差，以至于无法正常看东西了。"

35

睡不醒的大热天

杰克："哈——困死了，它们不会笑我吧？"他哈欠连天，指着水塘里的火烈鸟问。

"哦，夏天来了要打盹儿，其实宝贝，现在鸟也困得很。"桑德拉安慰杰克。

妮娜："火烈鸟当然不会笑，因为它们的嘴又长又硬，但是大象会笑你的！"

杰克："哇，救救我！我可不想在大象面前丢脸。"

······

桑德拉："好吧好吧，乖儿子想不想尝尝桑德拉的提神药？"

36

杰克："药都是苦的，求求你了，不吃药可以吗？"

妮娜："活该杰克，谁让你昨天不好好睡觉！"

桑德拉："不吃药只能放弃看大象，杰克你同意吗？不然就请闭上眼，乖乖吃下提神药。"

桑德拉："张嘴杰克，很大很大的药片哦。"

杰克皱着眉头，捏着鼻子，等桑德拉把药片送到他嘴边。

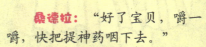

桑德拉："好了宝贝，嚼一嚼，快把提神药咽下去。"

杰克："天哪，水都不给一点吗？我想，我一定会被苦死的。"

听说吃药，杰克紧张极了。但是当桑德拉把"提神药"送到嘴边的时候，他反倒不怕了，因为杰克闻到了一种甜丝丝很熟悉的味道。

杰克："哦，哈欠赶跑了！这个药叫什么名字？我好像没吃够。"

"哎哟，吃了会上瘾的提神药，看好了杰克，它在这里。"桑德拉拎着香蕉皮给杰克看。

"香蕉？你没骗我吧？"杰克很惊讶。

妮娜："反正它已经钻进你的肚子了，不信，我们可以请医生帮忙看看。"

杰克："看医生，还是算了吧。香蕉为什么能治瞌睡病呢？"

桑德拉："听着

　　杰克，香蕉里含有大量的钾元素，钾可是抗疲劳的法宝。"

钾元素

厚脸皮的乔格鲁

杰克："哦，怕羞的妮娜，你又脸红了。"

"我什么都不怕，就是心跳有点快。"妮娜解释。

刚刚课间休息，妮娜给同学们唱了一首ABC歌，好听极了，但是大家一鼓掌，妮娜脸就红了。

"凯瑞得从不会脸红的，因为他脸皮厚！"杰克左右看看，确定凯瑞得不在，下了这个结论。

"你……你说什么！"凯瑞得出现了，因为他藏在桌子底下。

"兄弟，你真的脸红了！"嘿嘿，杰克发现一件怪事。

……

桑德拉： "哦，到底有没有真正的厚脸皮呢？来呀杰克，愿意戴上这条漂亮围脖吗？"

杰克： "天哪桑德拉，这么热的天戴围脖，我会长痱子的。"

桑德拉： "亲爱的配合一下，只戴十分钟就好，而且戴上它显得很帅哦。"

杰克围上了毛线围脖，缠了好几圈，他打算用数羊的方式度过接下去的十分钟。

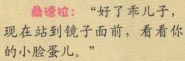

桑德拉： "好了乖儿子，现在站到镜子面前，看看你的小脸蛋儿。"

杰克： "好吧，妈妈，我快被这家伙热死了。你确定，我比十分钟前更帅了对不对？"

41

　　穿短裤戴着毛围脖，杰克的装扮十分新潮，除了有点热。就这么捂了十分钟，杰克去照镜子了，他发现自己脸红了。

　　杰克："啊，脸红了！相信我，我可真没干坏事！"

　　妮娜："坦白吧，杰克，今天偷吃几块巧克力？"

　　杰克："真的没有，没有几块，半块而已，你要相信我。"

　　桑德拉："哦真是个意外收获，不过杰克，你脸红是因为戴着围脖太热了。"

　　杰克："热了会脸红，害羞会脸红……可是人为什么会脸红呢？"

头上一撮毛

大多数小动物是长毛的，这样一来，我们就没法直接观察它们皮肤颜色的变化了。

但是有一种特殊的小狗，它们长的每一块胎记都让人一目了然。对了，这种狗狗学名叫冠毛犬，它们头顶长头发，身上却不穿毛衣。

桑德拉："听着宝贝，情绪波动、温度升高，都可能导致我们的血液流动加快，这时候脸就会红。"

……

"乔格鲁，你为什么不脸红呢？"杰克正在拷问胖兔子，因为它又偷吃安迪的妙鲜包了。

桑德拉："其实，一只害羞的胖兔子也会脸红的，你看它耳朵就知道了。"

43

长犄角的鸡蛋

"天哪哥们儿，您这是写的啥啊？"凯瑞得指着一张纸问杰克。

杰克："不是写不好，只是不适应，其实，我还会画鸡蛋呢。"

妮娜："杰克画一个，给他看看！"

"但是左手不行，画鸡蛋要用右手。"杰克举着铅笔说。

凯瑞得："哈哈，右手画鸡蛋？别逗了兄弟，那不如，我去找大公鸡萧克吧。"

杰克受不了激将法，开始用左手画鸡蛋，结果画出一个怪模怪样的蛋。

凯瑞得："哦杰克，你画的鸡蛋长犄角了！这是我刚刚画的，给你看。"

……

杰克："不好了，我的左手白长了，因为凯瑞得画了一个圆鸡蛋，可是我画的鸡蛋长了犄角。"

桑德拉："哦，左手画鸡蛋的确是件有难度的事情。我的乖儿子，能帮忙打开这瓶矿泉水吗？用左手哦。"

杰克："算了，这只左手是没用的。"

桑德拉："试试嘛杰克，拿出点绅士风度！"

杰克右手抓瓶子，左手拧了拧瓶盖，尽管有点费力，但是他拧开了。

杰克："天哪，妈妈，我的左手还有救是不是？"

桑德拉："相信我杰克，你的左手很强大！其实你可以试一试，再用它剥个橙子。"

杰克试着用左手提起板凳，用左手浇花……后来他发现，这只手除了写字难看，画画不像，其他能力也不比右手差很多。

杰克："很棒的左手！可是它为啥不会画鸡蛋呢？"

桑德拉："那是因为它没有经过专门的训练。听着杰克，使用右手已经是人类的普遍习惯了，天长日久，右手越用越灵，左手也就变懒了。"

杰克："为什么凯瑞得用左手画了个不错的鸡蛋？"

桑德拉："据桑德拉分析，只有两种可能，一种是左弊，还有一种嘛……"

"秘密秘密——凯瑞得是个左撇子！"妮娜跑来报信了。

摇摇摆摆鹅走路

"一二！抬左脚举左手，对的哥们儿，就是这样。"凯瑞得指挥杰克。

杰克："说真的兄弟，这种走法不对，感觉很不对。"

凯瑞得："哦太帅了！兄弟有所不知，这就是鹅步，听说是拿破仑发明的。"

妮娜："什么鹅步，我只看见杰克一跳一跳的，难看得要命！"

"练这个可以锻炼身体。大白鹅，你见过真正的大白鹅吗？"凯瑞得学白鹅，一摇一摆地走起来了。

......

杰克："你见过大白鹅吗？你还记得大白鹅走路的样子吗？"

桑德拉："当然记得大白鹅，走一步摇三摇，宝贝你说的大白鹅是它吗？"

杰克："没错，我还练过鹅步呢！"

杰克抬了左脚抬右脚，两条胳膊却一动不动，就好像大鹅故意抱起翅膀那样。

桑德拉："哦杰克，坚持就是胜利，这样走上十五分钟好不好？"

杰克："没问题！这样走路可以锻炼身体对不对？"

杰克一反常规，要么走路不摆臂，要么同时抬起左脚和左手，要么同时抬起右脚和右手。大约十五分钟之后，杰克累坏了。

杰克："天哪，我觉得自己快要倒下去了，一会儿向左倒一会儿向右倒。"

桑德拉："那是因为你已经找不到平衡了。"

"大街上好像没人像他这样走路的，是吗？"妮娜问。

桑德拉："的确没有，除非那个人顺拐了。听着宝贝，走路的时候双臂摆动是人的本能，这是我们从猿人老祖先那里学来的。"

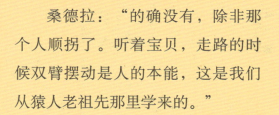

猫步

猫咪走路的时候，左脚和右脚几乎会踏在同一条直线上，那不慌不忙的步态真的很优美。

后来时装模特向猫咪取经，并且发明了一种职业走法，那就是走直线，也可以叫作改良版猫步。模特的猫步一旦走起来，会以身体的中线为基准，左脚偏右一点，右脚偏左一点。

雪山红豆融化了

桑德拉："我已经看到你了，杰克，乖乖出来投降吧。"

桑德拉想要快点找到杰克，因为她发现，雪山红豆冰激凌和杰克一同失踪了。

阿嚏阿嚏……嘿嘿嘿，杰克行踪暴露了，尽管这不是他的本意。

"这个还给你，其实我没吃多少，但是雪山消融了。"杰克把空盘子递了过去。

桑德拉："天哪杰克，你吃掉了一座冰山！"

"再见妈妈，我需要暖和一下了。"杰克哆哆嗦嗦地转过身，飞快钻进了被窝。

杰克："冷死我了，快来救救我好吗？"

桑德拉："唉，谁让你吃掉一座大雪山呢？胳肢窝借我用用，乖儿子，妈妈给你量体温。"

杰克盖着被子，把体温计夹在腋窝下，一动不动躺了五分钟。

桑德拉："行了宝贝，体温计拿出来看看，告诉我你有多少度。"

杰克："不好了，我的体温已经低于警戒线了。"

桑德拉："打个寒战，也就是身体缩起来哆嗦一下，会吗，杰克？"

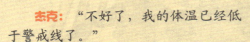

杰克被红豆冰激凌害苦了，害得他盖着棉被还是觉得冷。但是，当杰克蜷在被子里使劲哆嗦了几下，他觉得好像暖和一点了。

　　"哇，暖和了，真的暖和了！为什么？"杰克问。

　　桑德拉："那是因为杰克发抖的时候产生了热量。"

　　杰克："抖一抖就会发热，冬天不用穿棉衣了！不穿棉衣可以吗？"

桑德拉："我也想那样，但是不可以。听着杰克，打个寒战或者哆嗦一下，是肌肉在做运动，不过这种运动产生的热量很有限，所以它解决不了冬季取暖的问题。"

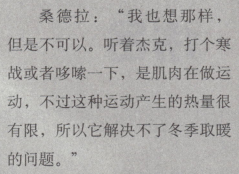

智能调节

正常人的腋下温度通常都会维持在36℃~37℃，一天的不同时间段略有波动，但不会随着天气的冷热而改变。

我们的身体真的很智慧，一旦它感觉到寒冷的刺激，就会不自觉地发抖，目的是产生热量。同样，周围环境过热的情况下，人体又会通过排出汗液的方式让体温降下来。

勇敢的伤员

　　"呜呜呜……真的很疼，难道你没听过十指连心吗？"凯瑞得哭得好伤心，因为他的手指头被门夹了一下。

　　杰克："什么十指连心，手指头和心明明远着呢。"

　　"凯瑞得，你吃不吃果汁橡皮糖？"妮娜举着装糖的盒子问。

　　"吃，给我吃。"看在糖的面子上，凯瑞得终于不哭了。

　　……

　　杰克："我也受伤了，撞到了胳膊，但是我不想哭，我比凯瑞得勇敢。"

桑德拉："太棒了，乖儿子是妈妈永远的骄傲。能帮忙拿一根牙签来吗，杰克？"

杰克："牙签来了，你要它干吗用？"

桑德拉："伸出手来杰克，让我扎一下好不好？"

杰克："不要啊，我是伤员，你想雪上加霜吗？"

桑德拉："宝贝放心，妈妈怎么舍得弄疼了你，我只是轻轻地扎一下。"

杰克："好吧，如果扎疼了，我也会呜呜哭的。"

　　杰克把一只手交给了桑德拉，为了让自己不那么害怕，他还闭上了眼睛。杰克觉得自己可能被扎了两下，但是疼的感觉并不一样。

　　杰克："你扎了我两下是吗，妈妈？"

　　桑德拉："没错，宝贝，手指尖扎一下，手腕扎一下。感觉有什么不同吗，杰克？"

　　杰克："有，手指尖扎得疼，真粗暴！"

桑德拉："不不不，桑德拉只是轻轻点了一下，听着杰克，手指尖感觉更痛，只是因为那里的皮肤比较薄，而且周边的神经组织很密集。"

"明白了，手腕的皮肤比较厚，就像给神经穿了厚衣服一样。我说得对吗？"杰克欢呼道。

指尖

手腕

疼痛的牙齿

我们的一日三餐全靠牙齿帮忙。如咬、嚼、啃……除此之外，牙齿还要忍受糖块、冰激凌等冷热酸甜各种小零食的打扰。

作为使用频率超高的生活工具，牙齿很容易生病，例如患上龋齿、牙髓炎、牙周炎、牙龈炎，继而引发牙痛。其实牙齿本身并不会疼痛，因为它是没有神经的钙化物，真正疼痛的是牙齿周围的神经组织。

灰色伤心日

杰克："行了哥们儿，忘掉那些伤心事吧，再说，你都难过两节课了。"

凯瑞得："别安慰我了兄弟，今天就是我的灰色伤心日，我自己都没法原谅自己。"

"凯瑞得凯瑞得，牛顿真是舞蹈家吗？你从哪本书看来的？"妮娜特意跑来问问。

呜呜呜，凯瑞得被问哭了，因为上课走神胡乱回答问题，他已经被全班同学笑了个够。

杰克："哦妮娜，你把他的伤心日变长了。"

"糖，糖会让伤心日快点结束的，冰激凌也行。"凯瑞得抽抽搭搭地说。

......

桑谎拉："哦，伤心赶跑快乐来到？说说杰克，你有什么伤心事吗？"

杰克："伤心事，我的伤心事？对不起哦妈妈，我的牛排蹭到了你的新裙子。"

桑谎拉："天哪，那是我的伤心事！不行不行，我要吃糖，杰克拿糖来。"

杰克："我只有一颗香橙味果汁糖，吃糖多了会牙疼的。"

桑谎拉："管不了那么多了，我只知道糖可以让我高兴一点，听到没有，杰克。"

杰克："吃吧，吃吧，我也希望你能高兴起来。"

　　杰克骗了桑德拉，其实他有两颗香橙味的果汁糖，送给桑德拉一颗，留一颗放进自己嘴里嚼。糖吃完了，杰克觉得心情不错。

　　"乖儿子跟我来，既然牛排干了坏事，我们必须帮它善后。"桑德拉温柔地拉起杰克的手。

　　"你不生气了，你真的不跟牛排生气了，是这样吗？"杰克试探着询问。

62

战场上的巧克力

巧克力的主要成分是可可豆。据说是中美洲的玛雅人最早开始喝巧克力饮料的，此后数千年里，巧克力从饮料变成糖果，并普及民间，越来越受大众喜爱了。

人们渐渐发现了吃巧克力的好处，比方说让人产生轻微的激昂亢奋情绪。于是第一次世界大战爆发之际，有些参战国还将巧克力运到了战场，分给将士们食用。

桑德拉："气什么气，哪有那么多事情好气的。谢谢杰克，你的果汁糖味道不错。"

杰克："天哪，妈妈，是果汁糖让你心情变好吗？"

桑德拉："没错，宝贝，糖分可以迅速为我们的身体补充能量，适量的甜食的确能够让人活力倍增，心生愉悦。"

冒牌的冰棍

"哦哥们儿，我好像越来越渴了，你觉得呢？"凯瑞得喝了一口可乐说。

"我也是，我渴得嗓子都快冒烟儿了。"杰克边吃冰棍边说。

体育课上又跑又跳，杰克和凯瑞得都渴得要命，他们打算用甜可乐和奶油冰棍解决问题。

凯瑞得："天哪兄弟，咱俩是不是买到了冒牌货，越喝越渴的冒牌货！"

"吃了假冒冰棍会不会肚子疼？哇，吓死人了！我可不想去看医生。"杰克捂着肚子说。

……

"救命啊，求求你不要把我交给医生好吗？"杰克恳求道。

桑德拉："要不要看医生，现在还不能决定。还渴吗，杰克？这里有一杯鲜榨的西瓜汁哦！"

杰克禁不住诱惑，飞快冲向了西瓜汁，咕嘟咕嘟几口就把它灌进了肚子。

桑德拉："怎么样乖儿子，西瓜汁喝光了，你还渴吗？"

杰克："我还是很口渴。天哪，一定要去看医生了对不对？"

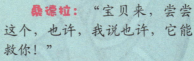

桑德拉："宝贝来，尝尝这个，也许，我说也许，它能救你！"

杰克："好吧，这是什么东西，它真的能救我吗？"

杰克喝了可乐，吃了冰棍，还喝了西瓜汁……结果还是很口渴。但是，当杰克喝了桑德拉给的一杯没滋味的什么饮料，一下子就不渴了。

杰克："好了，我不渴了！你给我喝了解渴的神药，是吗？"

桑德拉："对的杰克，解渴神药就是一杯白开水。"

杰克："可是奶油冰棍都不管用，它那么冰凉凉的为什么能治口渴病呢？"

桑德拉："因为冰凉凉只是暂时的，这种感觉挡可不住肠胃升温的速度。"

糖

奶油

奶油从哪儿来

奶油还有好多名字，比方说：淇淋、激凌和克林姆，纯正的奶油是从牛奶或者羊奶中提取出来的。

早在好几千年之前，古印度人发现了牛奶上漂浮的奶皮，于是捞出来又拍又打又揉……奶皮就这样变成了块块，尝尝味道还不错。对，奶皮变成的块块就是最原始的奶油。

杰克："太对了，妈妈，明明就是越吃越渴。"

桑德拉："听着杰克，甜甜的奶油冰棍里糖多，奶油多，它们会让你变得口干舌燥的。"

怕人的痒痒肉

凯瑞得："啊哈，啊哈哈……饶命哥们儿，你碰到了我的痒痒肉。"

"怕痒的肉肉，我好像没有痒痒肉？"杰克挠挠脑袋说。

杰克只是抓了抓凯瑞得的胳膊，就把他吓着了，吓得一劲儿往后退，还借口说什么痒痒肉。

凯瑞得："不可能哥们儿！让我挠你试试行吗？就挠你胳肢窝。"

"我正在挠，兄弟你看，这真的没什么。"杰克把手伸到自己胳肢窝下挠了挠，他果然没有哈哈笑。

凯瑞得："正常人都有痒痒肉，杰克你……"

杰克：“我怀疑我可能来自火星，因为我不怕痒。”

桑德拉：“哦，我怀疑你根本没去过火星。过来杰克，让我看看脚丫子好吗？”

杰克：“看看可以，不过，只不过它们刚刚踢了一场球。”

桑德拉：“天哪，味道的确差了点，但是杰克，它们可以证明你到底是不是火星人？”

桑德拉：“准备好了吗，杰克？桑德拉要给它们挠痒痒了。”

杰克：“啊哈——不要啊，求你放过它们好吗？”

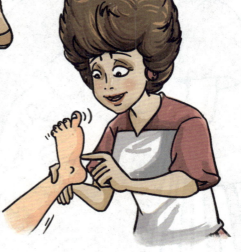

杰克挠挠自己的胳肢窝，也挠了挠脚心，统统没反应。但是每次桑德拉想要挠他的时候，他都如临大敌，恨不得赶紧闪开。

杰克："哎哟哎哟，真是不能碰的痒痒肉！脚心好像特别怕痒，是吗？"

桑德拉："没错杰克，通常来讲，我们身体上神经比较密集的部位是很怕痒的，比方说腋窝、脚心和手心。"

"为什么我自己挠都不会痒痒呢？"杰克问。

桑德拉："那是因为你对自己有信心，你相信自己不会为难自己的。"

胳肢窝

杰克："可是，你对我那么好，我也相信你呀。"

桑德拉："哦乖儿子，相信自己是要害神经的本能，它们可能和你想的不一样哦。"

脚心

神经密集部位

报告汤尼校长

凯瑞得："我敲门你敲腿，天衣无缝。哥们儿你是不是觉得这个主意很完美？"

杰克："如果换成我敲门你敲腿，那就更完美了。"

凯瑞得："你跑得快所以你敲腿，否则一定是全军覆没！那样你会甘心吗？"

……

"找我有事吗？快请进，凯瑞得。"汤尼校长听到咚咚咚！就打开了办公室的门。

凯瑞得："报告汤尼校长！"

此刻杰克蹲在门旁，准备用小木槌敲汤尼的膝盖……

桑德拉： "你做了什么？快告诉我，杰克！"

杰克： "其实也没什么，只不过，只不过汤尼的反射太剧烈，所以他摔倒了。"

桑德拉： "坐在那把椅子上，杰克，你也应该感受一下反射的力量。"

杰克： "没用的，我敲了左腿敲右腿，结果它们都不理我。"

桑德拉： "哦，难道杰克的腿在睡大觉吗？左腿搭在右腿上，乖乖坐好，桑德拉必须喊醒它们俩。"

杰克： "好吧，妈妈，你要小心点哦，刚才汤尼咕咚一声就坐在了地上。"

杰克把一条腿搭在另一条腿上，等桑德拉用小木槌敲他架在上面那条腿的膝盖。小木槌轻轻落下去，杰克的小腿弹了一下，是不由自主的。

　　杰克："天哪，它跳起来了，我可没让它跳！它为什么会跳呢？"

　　桑德拉："那是因为。小腿的肌肉受到了某种力量的牵拉。"

　　杰克："是谁干的？不要吓我好不好。"

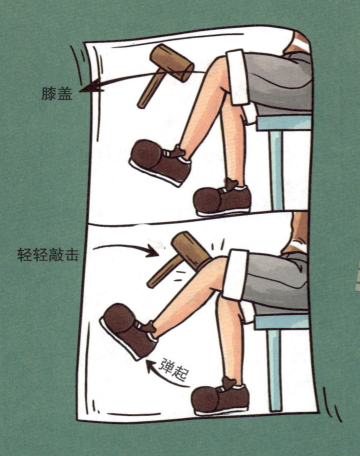

膝盖

轻轻敲击

弹起

　　桑德拉："不怕宝贝，其实是你自己的大脑发出了命令，因为它觉得小木槌可能会伤害你。"

　　"然后，大脑让小腿踢一下，它想把小木槌踢走对不对？"嘿嘿，杰克终于想明白了。

火眼金睛

　　"天哪杰克，你越线了，你竟然在一分钟内眨眼二十次！"凯瑞得看看秒表又看看杰克。

　　"二十次很多吗？我可没觉得有什么不对劲。"杰克问。

　　凯瑞得："哦，哥们儿 ，爱眨眼是没法当主持人的。所以我劝你还是放弃吧。"

　　杰克："凭什么呀，我台词背得可熟了，我就是要主持班干部竞选晚会。"

　　"因为主持人都是仪态端庄，快看快看，就像我一样半天不眨眼！"凯瑞得瞪着杰克说。

　　……

杰克："这样行吗？上一分钟我眨眼几次，快告诉我妈妈。"

桑德拉："十八次，这个速度基本正常不算快。大妖怪来了，杰克！"

十八次

杰克："哇，它在哪儿，妈妈快保护我！"

桑德拉："对不起宝贝，吓着你了，其实现在没有妖怪，以后永远都不会有妖怪。"

杰克："为什么吓我呢，桑德拉？"

桑德拉："我只是想要试试，杰克的眼睛有多敏感，你过关了乖儿子。"

听说妖怪来了，杰克很紧张。桑德拉打开手电筒，当手电筒的光照到杰克时，他已经没法睁开眼睛了。

杰克："被吓到了会眨眼，没事也眨眼，为什么人会眨眼呢？"

桑德拉："那是因为眼睛也会害怕，眼睛也需要休息，它必须学会自我保护。"

杰克："可是，凯瑞得可以好一会儿不眨眼，我却总想眨眼，这是为什么呢？"

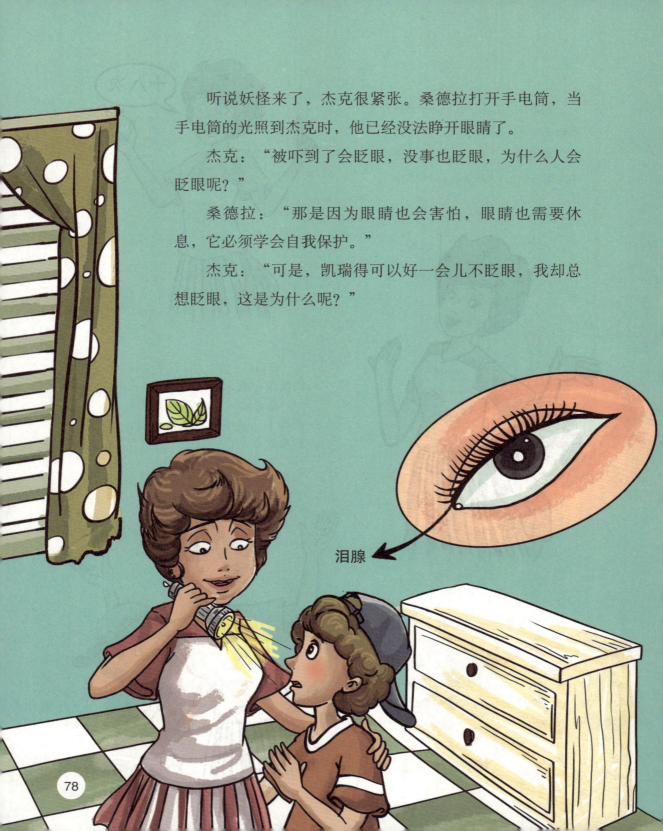

泪腺

桑德拉："听着宝贝，人每分钟眨眼的次数不是不变的，病痛或者疲劳都可能增加眨眼次数。"

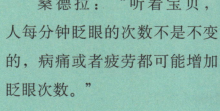

眼睑

睫毛

瞳孔

眼球

大头菜长眼睛

大头菜学名叫芜菁子。它长得有点像绿皮萝卜，经常被用来腌制咸菜。

大头菜长得不太好看，可是还挺爱美的，它们喜欢住在橙色的塑料大棚里，却不喜欢黑色大棚，住得好就产量高。所以专家们猜想，大头菜是能看到颜色的。

一问三不知

"说吧，哥们儿，吃什么呢？"凯瑞得问杰克。

杰克："白萝卜！"

凯瑞得："天哪杰克，这明明是个洋葱！"

"洋葱，别骗我了，那玩意烧成灰我都认得！"杰克摘下眼罩，看了看凯瑞得手里的白色条条。

"好好闻闻，看我骗没骗你。"凯瑞把洋葱条送到他鼻子底下。

"真是洋葱！我怎么了，这个都没尝出来。"杰克咧着嘴说。

凯瑞得："兄弟这很简单，你舌头坏了！"

……

桑德拉："吃饭了，杰克，有你最爱的黑胡椒牛排哦。"

杰克："算了，反正我也尝不出黑胡椒牛排的美味，你还是把它送给吉姆好了。"

桑德拉："哦，乖儿子会饿坏的，这里有三种东西，你能告诉我它们分别是什么吗？"

由于三种东西都切成了片片，杰克又闻又看又尝，这才得出了答案。

杰克："土豆、鸭梨，还有大苹果，我说对了吗？"

桑德拉："准确无误！你太棒了杰克。"

杰克："我的舌头已经没有知觉了，妈妈，你不是安慰我吧？！"

　　杰克捂着眼睛，捂住鼻子，用舌头品尝了苹果、鸭梨……结果，他连洋葱的味道都没尝出来。但是，露出眼睛和鼻子，杰克的舌头似乎也复原了，它还是那么的灵敏。

　　杰克："哇，舌头好了！给块巧克力试一试好吗，妈妈？"

　　桑德拉："那样不好，因为我怕你做起实验会没完没了。杰克，你还关心自己的舌头吗？"

　　"关心！我想知道刚刚谁把味道偷走了，你知道是谁干的吗？"杰克问。

桑德拉："是口罩和眼罩偷走了味道！听着杰克，舌头想要过得有滋有味，眼睛和鼻子都会帮忙的。"

杰克："我明白了，为什么我看到巧克力就会流口水。"

苦药不苦了

生病了就得吃药，可是药真的很苦，苦到了难以下咽的地步。

事实上，我们的舌头是有明确分工的，不同部位感受的味道都不一样，例如识别甜味的味蕾大多在舌尖；而感受苦味的味蕾大多集中在舌根……所以，要想吃药不太苦，最好别让药片挨到舌根。

吃不着酸葡萄

　　"真的很酸很酸很酸，哦，哥们儿，这玩意你还想吃吗？"凯瑞得一边嚼，一边龇牙咧嘴地望着杰克。

　　"不对，妈妈告诉我，它是很甜很甜的。"杰克用手护住了桌上的葡萄串。

　　凯瑞得："不骗你兄弟，其实你可以尝尝，酸掉牙别怪我！"

……

　　杰克捂着半边脸，好像吃了酸葡萄的样子，都不敢正眼看那串葡萄了。

　　"好吧，我不怕酸，兄弟，让我替你解决它！"凯瑞得拎上杰克的葡萄走了。

桑德拉："啊，甜葡萄竟然变酸了！你还想吃葡萄吗，儿子。"

杰克："是酸的还是甜的？我一想到酸葡萄就会觉得下巴都要酸掉了。"

桑德拉："放心，亲爱的，真是甜葡萄。"
听说葡萄很甜，杰克高兴了，他迫不及待地抓起一颗塞进嘴里。

桑德拉："味道怎么样？乖儿子，没骗你吧。"

杰克："嗯，是甜葡萄。"

桑德拉："其实杰克，凯瑞得拿走的葡萄，就是在这串上剪下来的。"

85

　　杰克把一串甜葡萄带到了学校，凯瑞得尝了一颗，然后告诉杰克葡萄很酸，杰克就不敢吃了。但是，桑德拉拿着同样的葡萄告诉杰克，这个是甜的，葡萄真的变甜了。

　　"一会儿酸一会儿甜，你的葡萄为什么这么奇怪？"杰克问。

　　桑德拉："那是因为你被凯瑞得成功误导了，你的大脑已经认定葡萄是酸的。"

　　杰克："凯瑞得说葡萄酸，我真觉得酸，酸得快要流口水了。说酸就酸说甜就

甜，这怎么可能呢？"

　　桑德拉："听着杰克，这就是条件反射，是我们在多年生活中逐步形成的一种本能。但是假如你从来没尝过酸味，就不会有这种反应的。"

乔格鲁的大门牙

杰克："张嘴乔格鲁，让我看看你的牙好吗？"

"嘿嘿，想看牙，用胡萝卜来换！"乔格鲁捂着嘴说。

安迪："喵——不看也知道，乔格鲁长了两颗大门牙，难看的大门牙！"

乔格鲁："管它好看不好看，大门牙可以帮我切断草叶，就像小刀子一样！"

吉姆："汪汪——吉姆没有大门牙，所以我不吃草。"它特地敲了敲自己的小狗牙给乔格鲁看。

"假如，我也有乔格鲁那样的大门牙，就不用刀子切牛排吃了。"杰克照着镜子，自言自语。

……

杰克："快看，妈妈，我这颗牙是尖的，它和别的牙长得不一样！"

桑德拉："哦，尖尖的牙。仔细再看看，杰克，其实你的尖牙应该不止一颗。"

杰克对着镜子仔细寻找，果然发现了自己嘴里另外几颗尖尖的牙，它们上下对称，长在靠近嘴角的地方。

桑德拉："这就是你的小虎牙，杰克，长虎牙是一件很荣幸的事。"

杰克："咳，这有什么好荣幸的。如果被凯瑞得看到，他一定会笑我的。"

桑德拉："不，你一定要告诉他，虎牙是我们口腔里最坚强的卫士，它们抵御病毒的能力超强哦。"

89

杰克对着镜子继续照，结果他发现，自己嘴里竟然有好几种形状的牙齿，比方说门牙是扁的，而后面的牙齿有点近似于方形。

　　"我还从来没仔细看过自己的牙哦。它们长得为什么不一样呢？"杰克问。

　　桑德拉："长得不一样是因为它们的功能都不一样。"

　　杰克："牙齿不就是用来嚼东西的吗？"

　　桑德拉："牙齿的确是咀嚼高手，可是它们也需要分工协作，听着杰克，我们的门牙也叫切齿，它可以帮忙切断食物；而后面的大牙学名叫臼齿，它们

负责捣碎食物……"

杰克："我的小虎牙呢，它能做什么？"

桑德拉："虎牙负责撕碎食物，所以宝贝，长了虎牙对你没坏处。"

深海暗杀者

这个"暗杀者"生活在热带以及温带地区的海洋里，大约5000米深的海底，其实它就是尖牙鱼，一种身长约15厘米的小鱼。

尖牙鱼长着极其尖利的牙齿，由于长得太丑，还得了个诨名叫作"食人魔鱼"。事实上它们只能吃鱼没法吃人，并没看上去那么恐怖。

凯瑞得为啥睡不醒

"醒醒,哥们儿醒醒,汤尼来看你了!"杰克几乎趴在凯瑞得耳边叫他。

"啊哈——在哪儿在哪儿,困死我了——"凯瑞得伸个懒腰,打着哈欠说。

上午的游戏课才开始,凯瑞得就趴在椅子背上睡着了。

"你这是怎么了,凯瑞得,昨晚没睡好吗?"汤尼校长弯下腰问他。

凯瑞得:"睡好了睡好了,我睡了整整九个小时。"

……

"糟了凯瑞得,你一定得了瞌睡病,永远睡不醒的瞌睡病。"

妮娜分析。

桑德拉："哦，大早起就犯困，我想，凯瑞得的妈妈会愁死的。你没觉得困吗，杰克？"

杰克："有一点，吃过午饭有一点困，经常都是这样。"

桑德拉："今天中午吃少点，不要吃得太饱。你同意吗，宝贝？"

杰克："天哪，为什么要吃少点呢？那可是我最爱的黑椒牛排呀。"

桑德拉："少吃点也许会解决犯困的问题，难道你不想试试吗，宝贝儿"

杰克眼巴巴地望着牛排，但是他只尝了一小块，吃过了好像还有点饿的感觉。

今天午饭，杰克吃得不多，然后就去上学了，第一节课果然不是很困倦。下午放学回家，杰克急着向桑德拉汇报结果。

杰克："哇，真的没有犯困！这是为什么呢？"

桑德拉："那是因为你身体里的血液没开小差，它们顺利到达了大脑。"

杰克："咦，血液怎么会开小差呢？"

桑德拉："开小差是因为它们跑去消化食物了，听着杰克，我们吃得越

表面看起来，牛吃饭的速度很快，囫囵吞枣地解决一顿饭。其实，它们吃进肚子的东西暂存一段时间还要送回嘴里重新嚼一遍呢。没错，这就是反刍动物的特性。

多，消化系统干的活就会越多，需要参与劳动的血液也就越多。"

"杰克，凯瑞得今天的早餐是，4个鸡腿汉堡！"妮娜来了，带来一个吓人的消息。

杰克："我明白他为什么困了，是撑的对吗？"

95

没用的鼻子

"哥们儿你看，我捂住鼻子一样能跑能跳能呼吸，所以鼻子是没用的！"凯瑞得一手捂着鼻子，蹦蹦跳跳地说。

杰克："我才不信呢，不呼吸？要鼻子干麻用呢？"

"脸上多长一块肉肉而已，也许，也许这就是个误会。"凯瑞得摸摸鼻子说。

妮娜："胡说八道，鼻子有用！难道你没见过大象用鼻子吃香蕉吗？"

杰克："对呀兄弟，吉姆的狗鼻子可灵了，昨天，它竟然找到了藏在我被窝的奶酪！"

……

杰克： "我捏着鼻子也能呼吸。除了呼吸，我想不出鼻子还有什么用了？"

桑德拉： "鼻子有什么用，这个嘛，需要事实来说话。杰克，愿意让你的鼻子歇一会儿吗？"

杰克： "好，亲爱的鼻子，请你歇歇吧。"

桑德拉： "太好了宝贝，现在，用一只手指按住一个鼻孔。"

杰克伸出一个手指头按鼻孔，留下另一个鼻孔单独工作。

桑德拉： "坚持一会儿，杰克，大约十分钟之后再把你的手指头拿开。"

    鼻孔刚刚被按住的时候，杰克并没觉得有什么不对劲的。可是还没等到十分钟期限他已经有点受不了了。

    "不好了，妈妈，我觉得又憋又闷！可以把手指头拿开了吗？"杰克喘着粗气问。

    桑德拉："哦杰克，赶快让鼻子透透气吧！"

    "嗯，现在舒服多了，还是两个鼻孔好，你觉得呢？"杰克长长吸了一口气说。

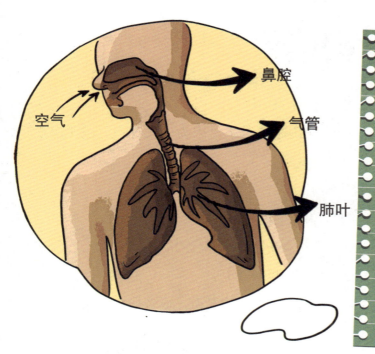

空气 → 鼻腔

气管

肺叶

无敌英雄猪

防毒面具是一种防护器材，它可以帮人们抵御毒气、粉尘等有毒物质的伤害。其实，它的发明是受了一群野猪的启发，所以外形有点像猪头。

早在第一次世界大战期间，欧洲某地遭受了化学毒气的侵袭，但是一群野猪侥幸活了下来。后经研究发现，它们把鼻子伸进土壤，最终才躲过了一劫。

桑德拉："当然了宝贝，其实你可以把鼻孔想象成空气进出肺脏的通道。杰克，你知道我们有两个肺吗？左边一个右边一个。"

杰克："两个肺就需要两条通道，所以我们必须有两个鼻孔。我说得对吧，妈妈？"

杰克欢度劳动节

杰克："哇，救命啊！快看手，看我的手！"

杰克挽着袖子举着双手，大呼小叫跑来求救了，因为他发现自己的手突然变得皱巴巴的。

桑德拉："天哪宝贝，你刚才做了什么？"

杰克："没做什么，就是帮你洗丝巾了！"

"洗丝巾！杰克，你用什么洗的？"桑德拉瞪大了眼睛问杰克。

杰克："水和洗衣粉，很多很多洗衣粉。"

……

桑德拉："完了完了，丝巾没救了，所以，我们只能先救你的手！这样好吗，杰克？"

杰克："好吧，只能这样了。盐瓶子在这里，你要它做什么？"

桑德拉："盐粒撒在水盆里，用一只手慢慢地，将它们搅匀，这个很好办吧，杰克？"

杰克把一只手伸进放了盐粒的水盆里，一圈圈地搅和，好像跳舞的小海豚一样

桑德拉："八分钟到了！拿出手来，杰克，两只手对比看看。"

杰克："天哪好了！不对，好了一只，为什么还有一只坏手呢？"

101

盐

杰克把两只手一起伸到眼前，仔细观看，他发现在盐水盆里玩了一圈那只手已经变得光滑如初了。

"天哪，为什么它看起来皱巴巴的？"杰克看着自己的手问道。

桑德拉："那是因为它喝得太饱了。"

"难道是因为它在盐水里游泳了？"杰克不明白。

桑德拉："听着杰克，盐水浓度比较高，它可以挤出皮肤里多余的水分，而不是让水渗入皮肤里。"

杰克："明白了，但是我还有个秘密，你想听吗？"

"关于那条丝巾对不对？！"桑德拉表情诧异。

"没错，它被洗成了大花脸！"秘密一出口，杰克转身就跑了。

天然护肤油

其实，我们的皮肤是有保护神的，那就是覆盖在它们表面的一层薄薄的油脂。

假设我们洗手、洗衣或者洗澡时间过长，那层油脂就会遭到破坏，导致外界水分直接进入皮肤。这样一来，皮肤就会因为吸水而膨胀，变得皱巴巴的。

用目光融化冰激凌

"零下，你知道什么叫零下吗，哥们儿？"凯瑞得问杰克。

"零下就是冷，很冷很冷。"杰克挠挠脑袋回答。

凯瑞得："这不准确，听我说兄弟，零下就是冷得要结冰，小河水都会冻上的。"

杰克："那冰箱一定是零下的，因为它能冻冰块。"

凯瑞得点点头："好像是吧，哥们儿你看，就这家伙，零下也不能冻成冰块！"

凯瑞得拿着一本动物书，还把一张图画指给杰克看。

"什么东西，是条鱼吗？它好丑哦。"杰克看着图画说。

……

桑谬拉："没错，就是南极鳕鱼，它号称是全世界最耐寒的鱼。杰克，你身上也有超级耐寒的部位哦。"

杰克："哪里是，冷风一吹我就会浑身发抖，真的妈妈。"

桑谬拉："乖儿子快看，我有一盒香草冰激凌！你是否需要它？"

杰克："亲爱的妈妈，这真是给我的吗？"

桑谬拉："没错，宝贝，但不能立刻吃掉。你可以把它握在小手里，并且敞开盒盖望着它。"

杰克打开了冰激凌的盒盖，把它放在桌上，双手握着盒子，眼睛紧盯冰激凌。

一阵阵凉气从冰激凌盒子口冒出来，杰克低着头，眼珠已经凑近了盒口。大约五分钟过后，杰克的小手冻得受不了了。

"好了吗？想吃冰激凌也太难了。"杰克可怜巴巴地望着桑德拉。

"好了好了，冰激凌归你了。宝贝，眼睛冻坏了吗？"桑德拉摸摸杰克的脑袋问。

"眼睛好像不冷？不过，手冻坏了。"杰克眨眨眼睛说。

桑德拉："太棒了杰克，你的眼睛明亮又健康。想知道它们为啥不会冷吗？"

杰克："为什么？"

桑德拉："那是因为我们的眼球构造很特殊，

眼角膜

水晶体

视网膜

视神经

抗寒绝招

冰天雪地的南极地区，低温可达零下60℃，听起来都吓人。可是帝企鹅，好像一点都不冷。这是因为它们有一件特棒的双层"防寒服"，表面一层毛毛，还有2～3厘米厚的皮下脂肪。

另外，帝企鹅走起路来左摇右摆，也是为了产生热量。

它不仅没有感觉寒冷的神经，而且几乎不会散热。"

杰克："南极鳕鱼呢，它也没有怕冷神经吗？"

桑德拉："听着杰克，南极鳕鱼不怕冷，是因为它身体里具有抗冻蛋白。"

讨厌的 绿毛怪

"吓死我了吓死我了，妖怪没跟来吧，哥们儿？"凯瑞得左看右看，好像被谁跟踪一样。

杰克："来了！绿毛大妖怪来了！"他故意吓吓凯瑞得。

……

凯瑞得中计了，转身抱住了街边的小树，哇哇大哭起来，哭得满头是汗。

"哦别哭了好吗？兄弟你看，绿毛怪已经被我打跑了。"杰克安慰道。

凯瑞得："呜呜……干吗吓我？我再也不看恐怖动画片了。"

杰克： "绿毛怪抓走了八个小精灵哦！哈哈哈，凯瑞得被它吓坏了，吓得哇哇哭，哭得都出汗了。"

桑德拉： "哭得出汗了？你没出汗吗，杰克？"

杰克： "有点，看动画片时有点，不是吓得出汗，是冷得出汗了。"

桑德拉： "那就是冒冷汗，来杰克，穿一会儿羽绒服好吗？"

杰克"羽绒服？待在屋子里还要穿羽绒服？我想我会热晕的。"

桑德拉： "热不晕的，乖儿子，只穿十分钟就好，穿上它陪妈妈跳个舞好不好？"

杰克穿上了暖和的羽绒服，陪桑德拉跳了一段恰恰舞。

　　穿着厚厚的羽绒服在屋子里跳舞，这项娱乐活动持续没多久，杰克就受不了了。他热坏了，恨不得赶紧跳到浴缸里泡泡。

　　"舞会停止好吗？我太热了。"杰克敞开衣襟，不停用毛巾擦着额头的汗。

　　"好的宝贝，安静地坐一会儿，再喝一杯温开水，你很快就不热了。"桑德拉帮杰克脱下了羽绒服。

　　"哦，我的衣服都快湿透了，为什么会出这么多汗呢？"杰克问。

桑德拉："那是因为汗腺感觉到，你身体产生的热量已经多余了，应该加点水降降温。"

杰克："害怕也会出汗吗？为什么凯瑞得听到绿毛怪的名字就会出汗呢？"

桑德拉："没错，杰克，那是神经性发汗，过度紧张或者兴奋都可能出现这种情况。"

是不是**亲兄弟**

　　"每个都不一样！真的哥们儿，这个需要仔细观察。"凯瑞得摊开双手给杰克看。

　　"算了，我可看不出来。"杰克拽着凯瑞得的手指头说。

　　妮娜："怎么会不一样，难道你的手指头不是亲兄弟吗？"

　　"放大镜，你们可以用它看！"凯瑞得从书包掏出了放大镜。

　　杰克："好像真的不一样，但我还是不能相信这是个事实，研究样本毕竟太少了。"

　　　　　　　　　　……

　　　　　杰克："妈妈，手指头给我看看好吗？"

112

桑德拉："看吧，多看会。杰克，你想知道手指花纹的秘密对不对？"

杰克："哦，我就是这么想的！"

桑德拉："乖儿子看我的，咱们玩个按手印的游戏好不好？"

杰克伸出手指头，分别在印泥上按一下又在白纸上按一下，这样就留下了十个指纹。

桑德拉："宝贝太棒了！脚趾头还想试试吗？"

杰克脱下了袜子，用脚趾头蘸印泥按脚印。

杰克按了十个手印和十个脚印，桑德拉和妮娜各自也按了十个手印。杰克认真查看了四十个试验样本，发现果然没一个是相同的。

　　杰克："真的不一样，为什么？"

　　桑德拉："哦杰克，这是遗传基因造成的，没办法改变。"

　　杰克："可是光溜溜的手指头也没啥不好的，为什么一定要长出指纹呢？"

　　桑德拉："那是因为表皮和皮下组织生长速度不一样。"

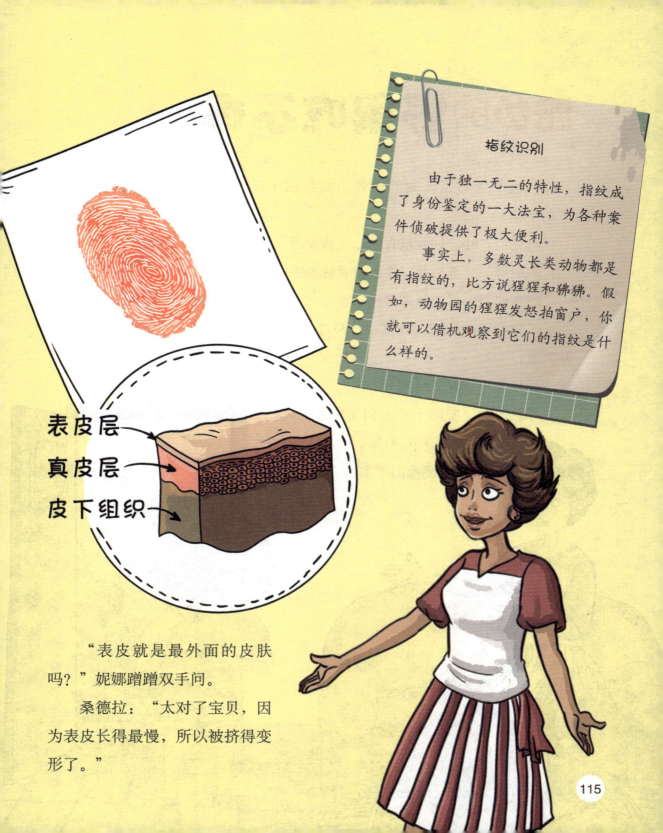

指纹识别

由于独一无二的特性，指纹成了身份鉴定的一大法宝，为各种案件侦破提供了极大便利。

事实上，多数灵长类动物都是有指纹的，比方说猩猩和狒狒。假如，动物园的猩猩发怒拍窗户，你就可以借机观察到它们的指纹是什么样的。

表皮层

真皮层

皮下组织

"表皮就是最外面的皮肤吗？"妮娜蹭蹭双手问。

桑德拉："太对了宝贝，因为表皮长得最慢，所以被挤得变形了。"

路边的野果吃不得

　　"糟了哥们儿，我的血管怎么是这个颜色？"凯瑞得瞪眼看着自己的手掌。

　　杰克："哇，好像是青的，又青又绿，我没看错吧，兄弟？"

　　凯瑞得："哥们儿，让我看看你的手吧？"

　　杰克伸手一看，原来自己手掌心的血管也是青色的，手腕也是。

　　"食物中毒！哦，我就说，路边的野果不能吃嘛。"凯瑞得一拍脑袋分析道。

　　……

　　"救命啊！我吃了第五街拐角那棵大树上掉下来的果果。"杰克捂着肚子慢慢挪回了家。

桑德拉："哦，你吃到了那棵树上的红果果后还好吗，杰克？"

杰克："我可能中毒了。你看我的手已经变成这样了！"

桑德拉："握紧拳头，杰克，手腕对着自己，看看它们有什么变化？"

杰克："天哪，中毒越来越深了！"

桑德拉："行了宝贝，我来握紧拳头给你看看，要知道我可没吃红果果哦。"

杰克："不好了，难道这种毒还会传染吗？"

　　杰克看到了自己手上的青色血管，已经吓了一跳，谁知当他握紧拳头，血管变得更青了。更令人疑惑的是，原来桑德拉的血管也是青色的。

　　杰克："血是鲜红的，血管也应该是红色的呀。是这样吗？"

　　桑德拉："理论上讲，血液是鲜红的，但是，缺氧的血液就会变颜色。"

　　杰克："血液缺氧，谁把氧气偷走了？"

　　桑德拉："氧气，氧气在循环过程中丢掉了。听着宝贝，肺就像血液的氧气瓶，含氧充足的血液就是鲜红的，但是当血液运行到手脚等末梢部位的时候，其中含氧量已经越来越少了。"

血液循环

血管

杰克："哦明白了，当我握紧拳头的时候，血管憋得要命，它缺氧了。那红果果到底是不是毒果？"

桑德拉："当然不是毒果，人家不过就是没长好的小酸枣。"

问答题

1. 我们手指和手掌之所以具有抓、握、提拉等功能，是多块骨骼和（　　）共同协作的结果。

   A. 肌肉　　　　B. 皮肤　　　　C. 韧带　　　　D. 血管

2. 人的身体内众多的骨骼是通过（　　）和韧带连接在一起的。

   A. 细胞　　　　B. 表皮层　　　　C. 真皮层　　　　D. 关节

3. 下列哪种情况下，我们的汗毛会竖起来？（　　）

   A. 天气太热的时候　　　　B. 高兴的时候

   C. 受到惊吓的时候　　　　D. 伤心难过的时候

4. 什么样的人更容易晕车或者晕船？（　　）

   A. 坏脾气的人　　　　B. 平衡能力差的人

   C. 和蔼可亲的人　　　　D. 未成年人

5. 我们身体里哪个组织器官出了问题，可能导致近视眼或者视力下降？（　　）

   A. 晶状体　　　　B. 巩膜　　　　C. 视网膜　　　　D. 视神经

6. 下列哪种情况可能导致我们的血液流动速度加快？（　　）

   A. 情绪波动　　　　B. 周边环境温度降低　　　　C. 生病发烧　　　　D. 口渴的时候

7. 为什么我们的手指尖皮肤对疼痛的感觉更灵敏？（　　）

   A. 皮下组织比较厚　　　　B. 神经组织比较密集

   C. 血管比较密集　　　　D. 弹性纤维较少

8. 心情不好的时候，品尝哪种味道的食物可以让我们变愉悦？（　　）

   A. 酸味　　　　B. 甜味　　　　C. 苦味　　　　D. 咸味

9. 膝跳反射的指令，是由人体那个器官发出的？（　　）

   A. 大脑　　　　B. 小脑　　　　C. 嘴巴　　　　D. 喉咙

10. 如下哪种情况可能导致我们在某一时间段内眨眼次数的增加？（　　）

    A. 焦虑　　　　B. 痛苦　　　　C. 疲劳　　　　D. 兴奋